OBSERVATIONS

SUR

UN MOYEN,

donné par la loi,

DE RÉDUIRE LES IMPOSITIONS.

IMPRIMERIE DE P. GUERRIER, RUE GUÉNÉGAUD.

OBSERVATIONS

SUR

UN MOYEN,

donné par la loi,

DE RÉDUIRE LES IMPOSITIONS;

Par Armand SEGUIN,

Correspondant de l'Académie royale des Sciences.

En tout, il faut considérer la fin.

A PARIS,

Chez { DELAUNAY, } { LADVOCAT, } Libraires, Palais-Royal.

Juin, 1819.

OBSERVATIONS

SUR

UN MOYEN,

donné par la loi,

DE RÉDUIRE LES IMPOSITIONS.

———

La loi du 25 mars 1817, en affectant les bois de l'Etat à l'amortissement de la dette publique, avait donné un moyen de réduire les impositions.

L'espoir que j'avais conçu qu'elle procurerait les avantages que j'en pressentais, m'en faisait attendre avec confiance les heureux résultats.

Mais aujourd'hui que les produits des ventes de bois sembleraient accroître les 40 millions de dotation de la Caisse d'amortissement, je crois devoir présenter quelques observations sur les conséquences de cette disposition.

Je le ferai avec réserve, déférence et respect.

1

Mon intention sera de présenter , sous toutes leurs faces , les résultats de cette cumulation.

Puissé-je fixer l'attention sur le besoin et l'utilité d'explications précises , et sur la possibilité d'améliorations désirables !

Les dispositions de la loi du 25 mars 1817 , relatives à la dotation de la caisse d'amortissement, et à la vente des bois de l'Etat, sont ainsi conçues :

139. « Les produits nets de l'enregistrement , » du timbre et des domaines , et ceux des ad- » ministrations des postes et de la loterie, sont » affectés au paiement des intérêts de la dette » perpétuelle, et au service de la caisse d'amor- » tissement.

» La portion attribuée à cette caisse dans les- » dits produits est fixée à la somme de 40 mil- » lions. »

143. « Tous les bois de l'Etat sont affectés à » la caisse d'amortissement, à l'exception de la » quantité nécessaire pour former un revenu » net de 4 millions de rente , dont il sera dis- » posé par le Roi pour la dotation des établisse- » mens ecclésiastiques. »

145. « La caisse d'amortissement ne pourra » aliéner les bois affectés à la dotation qu'en » vertu d'une loi. Elle est seulement autorisée » à mettre en vente , à partir de 1818 , jusqu'à

» concurrence de cent cinquante mille hectares
» de bois, en se conformant aux formalités
» établies pour la vente des propriétés pu-
» bliques. »

Dans ces dispositions, les deux suivantes sont absolues :

1°. Une affectation de tous les bois de l'état à la caisse d'amortissement, à l'exception de la quantité nécessaire pour former un revenu de quatre millions.

2°. Une aliénation de ces bois en faveur de l'amortissement, après toutefois que la loi en aura autorisé la vente.

Les deux dispositions suivantes sont annuellement variables.

1°. La portion à prélever, en faveur de la Caisse d'amortissement, sur les produits des contributions, pour compléter ses 40 millions ;

2°. Les sources qui doivent les alimenter.

Déjà, en 1819, le projet de budget et la commission des voies et moyens changeraient en partie les sources qui avaient été adoptées en 1818.

Toute autre incertitude, et particulièrement celle relative à l'objet de l'affectation des bois, ne serait pas solide.

Ce serait à tort, par exemple, qu'on prétendrait que cette affectation ne doit être considérée que comme un gage de l'amortissement.

C'est un moyen d'amortissement, que la loi a consacré.

L'autorisation de vendre jusqu'à concurrence de 15o mille hectares ne permet pas d'en douter; et cette autorisation suffirait seule pour prouver que la loi a eu pour but un moyen actif d'amortissement, et non pas seulement d'offrir une simple garantie pour un amortissement.

Quelle pourrait être, en effet, l'utilité de cette garantie ?

L'objet en aurait-il été d'augmenter la sécurité des rentiers ?

Où pourraient-ils en trouver une plus rassurante que dans la Charte ?

L'une de ses dispositions est ainsi conçue :

« 7°. La dette publique est garantie. Toute » espèce d'engagement pris par l'état avec ses » créanciers est inviolable. »

L'amortissement est certes un engagement de l'Etat, et il se trouve dès-lors garanti par la Charte.

Si donc la loi ne portait qu'une disposition de garantie, on en verrait d'autant moins l'utilité, qu'elle ne pourrait ajouter à celle proclamée par la Charte.

Mais indépendamment de cette garantie constitutionnelle, la loi devait pourvoir aux moyens d'acquitter les engagemens garantis, et c'est ce qu'elle a fait par l'affectation des bois de l'Etat.

Cette affectation est donc le moyen de l'amortissement.

Ce premier point éclairci, attachons-nous aux conséquences de la plus importante des dispositions de la loi, qui sont annuelles et variables.

Cette disposition donne naissance à cette question :

Quelle doit être la somme à prendre dans les impositions indirectes, pour compléter les 40 millions de la Caisse d'amortissement ?

La nécessité de déterminer, chaque année, la portion des impôts indirects qui doit entrer dans la composition des 40 millions de la Caisse d'amortissement, semble d'autant plus raisonnable, que, par suite de l'addition annuelle d'une somme de 40 millions, à prélever sur ces impôts, aux rentrées des ventes de bois, il pourrait exister des époques où l'ensemble de ces moyens d'amortissement absorberait une somme de rente plus forte que celle qui serait émise pendant la durée de l'amortissement, dans un temps donné; ce qui serait autant repoussé par la raison que par l'expérience, même par l'intérêt du gouvernement, puisqu'il n'obtiendrait que des résultats opposés à ceux qu'il aurait raisonnablement désirés.

C'est ainsi qu'après avoir eu l'intention d'élever le cours des rentes depuis 1820 jusqu'en 1825, pour en avoir d'autant moins à délivrer en paiement de l'arriéré, ce désir tournerait à son préjudice, si, ainsi qu'il résulte des tableaux qui se trouvent à la fin de cet ouvrage, les moyens d'amortissement de ces cinq années excédaient le capital payé en rentes, au cours, pendant le même laps de temps.

Ce capital serait, d'après le projet de Budget, d'environ 350 millions, et les moyens d'amortissement seraient pendant ce paiement de 405 millions.

Or, comme l'amortissement ne peut avoir lieu qu'après l'émission, et comme l'émission tend à diminuer le taux des cours, tandis que le rachat tend à les élever, il résulte que si la quotité amortie dépasse chaque année la quotité émise, le prix du rachat dépasse le prix de l'émission, et la perte est d'autant plus sensible, que cette différence est plus grande.

Une conséquence de ces premières observations serait que la question suivante présenterait un grand intérêt.

Prélevera-t-on annuellement, sur les produits des impositions, une somme de 40 millions, pour augmenter d'autant les rentrées des ventes des bois affectés à l'amortissement? ou ne prélevera-t-on sur les impositions que la somme nécessaire pour former avec ces rentrées les 40 millions de la Caisse d'amortissement? En d'autres termes : Si pour 1820, par exemple, on accorde à la Caisse 40 millions, et si pendant la même année les rentrées des ventes de bois doivent être de 20 millions, la dotation de la Caisse sera-t-elle, pour 1820, de 60 millions, au lieu de 40 millions fixés par la loi?

Resserré dans ce cercle, que je crois le vrai, il ne nous reste plus qu'à rechercher laquelle de ces deux dispositions est la plus conforme au texte et à l'esprit de la loi du 25 mars 1817.

Si je démontre matériellement qu'en admettant que la dotation, essentiellement constituée par l'affectation des bois de l'Etat, doive être augmentée annuellement de 40 millions, cette loi n'aurait, relativement à son affectation, qu'une exécution partielle; il en résultera qu'un tel mode ne peut se déduire ni du texte, ni de l'esprit de la loi.

Je partirai, pour arriver à cette démonstration :

1°. De cette donnée raisonnable, qu'on ne doit amortir que les 116 millions de rentes qui excèdent les 84 millions environ qui existaient sur le grand-livre au 28 avril 1816, avant la nouvelle émission de celles créées pour la subvention de guerre et pour les emprunts.

2°. De ce résultat de conséquences , que les rentrées annuelles des ventes de bois, qui, d'après les dispositions de la Caisse d'amortissement, doivent être , jusqu'en 1825 , de 12,500,000 fr. par an, devront continuer ainsi jusqu'à l'amortissement total.

3°. De cette supposition, que l'amortissement aura lieu au cours de 70 fr. pour chaque 5 fr.

Probablement, les rachats s'effectueront graduellement à des prix plus élevés ; mais d'avance il seroit bien difficile de déterminer par des suppositions quel en sera le taux moyen.

Toutefois, pour ne rien laisser à désirer à cet égard , je présenterai des résultats comparatifs au cours de 80 , de 90 et de 100 fr. pour chaque 5 fr.

En partant de ces données , il me sera facile de démontrer qu'on aura racheté toutes les rentes amortissables avant qu'on ait employé à peine le tiers des rentrées des ventes des bois affectés à l'amortissement.

En isolant ce résultat, ce serait un bien faux calcul que de s'en glorifier, car il serait préjudiciable aux contribuables, et désavantageux au gouvernement.

Préjudiciable aux contribuables, puisqu'ils auraient remboursé de leurs deniers, se privant ainsi d'un revenu qu'on peut bien évaluer à 8 ou 10 pour cent environ , ce qu'on aurait pu amortir avec des valeurs ne rapportant au plus que 2 pour cent.

Désavantageux au gouvernement , puisque , ne pouvant définitivement (dans l'hypothèse posée) faire un emploi réel que d'un peu plus du quart des bois de l'Etat , il se serait enlevé , pendant une quinzaine d'années , sans utilité pour personne , et sans nécessité , par un prélèvement de plus de 500 millions sur les contributions , une ressource matérielle de près de 500 millions , que des circonstances imprévues et malheureuses pourraient rendre précieuse.

Ainsi, de quelque manière qu'on envisage, dans la supposition *d'un supplément annuel de 40 millions de dotation*, les résultats possibles de la loi qui a affecté les bois de l'Etat à l'amortissement de la dette publique , les intentions de cette loi ne pourraient être remplies.

Cette loi aurait-elle eu l'intention que les rentrées des ventes de la totalité des bois de l'Etat fussent employées à l'amortissement ? Ce but ne pourrait être atteint, car au moment où l'amortissement serait achevé , près des trois quarts des bois resteraient encore sans emploi et disponibles.

La loi aurait-elle eu, ce qui n'est point douteux, l'intention d'améliorer le sort des contri-

buables, en employant à l'amortissement une
valeur dont le revenu, qu'ils doivent remplacer,
ne s'élève qu'au quart de l'intérêt qu'ils ont à
payer pour les rentes émises? Elle ne procurerait
encore que très-incomplètement cette améliora-
tion, puisque l'emploi ne serait que partiel.

Enfin, la loi aurait-elle pressenti qu'en défi-
nitive près des trois quarts des bois resteraient
disponibles ? Elle aurait donc sous-entendu que
l'affectation des bois de l'Etat à la dotation de
l'amortissement ne serait que très-subsidiaire-
ment réalisée *comme moyen*, et qu'au fait et au
prendre, les contribuables auraient à faire les
fonds de l'amortissement, 40 millions par an,
c'est-à-dire, 600 millions en capital, dans l'espace
de quinze années, ce qui ne serait ni nécessaire,
ni utile, et présenterait un désavantage bien sensible : je crois l'avoir suffisamment expliqué.

Je ne saurais donc encore admettre une inter-
prétation dont telle serait la fin.

Si elle avait lieu, elle serait en opposition
avec l'esprit et avec le texte aussi de cette loi,
et dès-lors ses résultats, dans l'avenir, com-
manderaient, sous ce rapport, au moins une
explication précise.

Le rapprochement des tableanx suivans fera
mieux apprécier encore la nécessité de cette ex-
plicatiou.

J'en puiserai les bases dans les documens officiels et imprimés.

D'après le rapport fait au Roi par le Ministre des finances, les rentes inscrites au 1er janvier 1819 sur le grand-livre de la dette publique s'élevaient à .... 174,000,000 fr.

A quoi il convient d'ajouter pour les rentes à inscrire pour paiement de l'arriéré, environ   26,000,000

On a un total, en rentes, de   200,000,000 fr.

Les rentes déjà inscrites le 28 avril 1816, avant l'émission de celles créées pour la subvention de guerre et pour les emprunts, s'élevaient à environ 84 millions, dont plus de 54 millions sont immobilisés. Il faut donc prolonger l'amortissement jusqu'à ce que les rachats s'élèvent à 116 millions, et alors il ne resterait plus en circulation que 30 millions de rentes.

Dans le rapport de la commission de surveillance, du 20 mars 1819, il est dit :

« L'état général des bois de l'État transmis à
» la caisse de l'amortissement par le direc-
» teur-général de l'enregistrement et des do-
» maines et forêts, en fait élever la contenance
» à .... 1,262,789 hect. »

(16)

Dans le rapport fait au roi, le ministre des Finances dit, page 4 :

« Il existe dans plusieurs départemens des
» terrains couverts de broussailles, qu'on a con-
» sidérés comme bois, et qui se trouvent en
» conséquence compris dans la cession faite à
» la caisse d'amortissement. Il résulte des no-
» tions recueillies à cet égard par la Direction
» générale des domaines, que ces bois ont une
» contenance totale de 129,476 hectares; que
» le revenu en est presqu'entièrement absorbé
» par les frais de garde, et que généralement
» la valeur capitale du sol et de la superficie ne
» s'élève pas à 50 fr. (par hectare). La caisse
» d'amortissement ne peut avoir intérêt à con-
» server ces terrains, et l'aliénation en serait
» très-désirable, parce qu'en les rendant à la
» circulation, on les rendrait à une industrie
» plus active qui en tirerait parti, et que, d'un
» autre côté, s'ajoutant à la matière imposable,
» ils accroîtraient d'une somme assez impor-
» tante le revenu public : je propose donc à
» Votre Majesté d'autoriser cette aliénation ;
» elle sera indépendante des 150 mille hectares
» dont la vente a été autorisée par la loi du
» 25 mars 1817, parce qu'il importe de ne pas
» diminuer les ressources de la caisse d'amortis-

» sement, et que ce n'est pas dans la vente de
» ces terrains, presque improductifs, qu'elle
» peut trouver un accroissement de quelque
» importance à ses capitaux. »

Défalquant des .... 1,262,789 hec.
ces broussailles s'élevant à...... 129,476

Il reste pour l'amortissement 1,133,313 hec.

Dans le rapport de la commission de surveillance il est dit qu'on a vendu 21,246 hectares de bois, et que ces ventes procureront une rentrée de 16,691,102 fr.

On peut en conclure que les 1,133,313 hectares disponibles procureront une rentrée de 889,333,000 fr.

La loi du 25 mars 1817 porte :

145. « Tous les bois de l'état sont affectés à
» la caisse d'amortissement, à l'exception de la
» quantité nécessaire pour former un revenu
» net de 4 millions de rente, dont il sera dis-
» posé par le roi pour la dotation des établis-
» semens ecclésiastiques. »

Dans son projet de budget de 1819, le ministre des Finances porte en recette pour coupes de bois, c'est-à-dire pour revenu des bois de l'état, 17 millions.

Ces 17 millions sont le revenu des 1,133,313 hect. qui donnent des produits : d'où l'on peut conclure que les 4 millions de revenu, réservés par la loi du 25 mars 1817, exigent la conservation de..................... 266,661 hec.

Les défalquant des 1,133,313

il reste pour l'amortissement .. 866,652 hec.

Qui, d'après les prix de vente annoncés par la commission de surveillance, représenteraient un capital de 680,843,000 fr.

Si l'on déduit des 17 millions de coupes de bois, les 4 millions affectés au clergé, et si l'on compare les 13 millions restant avec le capital de 680,843,000 fr. qui les produit, on reconnaît que ce capital ne rapporte pas tout-à-fait 2 pour cent, ainsi que je l'ai dit dans tous mes ouvrages.

Au vrai, le taux de ce revenu est encore moindre, car, si l'on soustrait des 13 millions de produits bruts les 2,411,117 francs qu'ils doivent supporter dans les 3,153,000 francs de frais de perception indiqués par le ministre, il ne reste en produit net que 10,588,883 francs, qui ne forment qu'à-peu-près un et demi pour cent des 680,843,000 francs.

Amortissement, de 5 fr. par chaque 70 fr.

ANNÉES.	DOTATION.	RACHATS de Rentes.	MOYENS d'Amortissem^t.	TOTAL des Rentes rachetées.
	fr.	fr.	fr.	fr.
1818	»	»	»	8,780,521 (1)
1819	40,000,000	3,484,323	48,780,521	12,264,844
1820	40,000,000	3,733,203	52,264,844	15,998,047
1821	40,000,000	3,999,860	55,998,047	19,997,907
1822	40,000,000	4,285,564	59,997,907	24,283,471
1823	40,000,000	4,591,676	64,283,471	28,875,147
1824	40,000,000	4,919,653	68,875,147	33,794,800
1825	40,000,000	5,271,057	73,794,800	39,065,857
1826	40,000,000	5,647,561	79,065,857	44,713,418
1827	40,000,000	6,050,958	84,713,418	50,764,376
1828	40,000,000	6,483,169	90,764,376	57,247,545
1829	40,000,000	6,946,253	97,247,545	64,193,798
1830	40,000,000	7,442,414	104,193,798	71,636,212
1831	40,000,000	7,974,015	111,636,212	79,610,227
1832	40,000,000	8,543,587	119,610,227	88,153,814
1833	40,000,000	9,153,843	128,153,814	97,307,657
1834	40,000,000	9,807,689	137,307,657	107,115,346
En 1835, 9 mois 20 j.	40,000,000	8,884,654	147,115,346	116,000,000

(1) Rapport fait par la commission de surveillance, le 20 mars 1819.

Amortissement, de 5 fr. par chaque 70 fr.

ANNÉES.	DOTATION.	RACHATS de Rentes.	MOYENS d'Amortissem.^t	TOTAL des Rentes rachetées.
1818	. . . . . . fr.	. . . . fr.	. . . . . . fr.	8,780,521 f.
1819	52,500,000	4,377,180	61,280,521	13,157,701
1820	52,500,000	4,689,835	65,657,701	17,847,536
1821	52,500,000	5,024,824	70,347,536	22,872,360
1822	52,500,000	5,383,740	75,372,360	28,256,100
1823	52,500,000	5,768,293	80,756,100	34,024,393
1824	52,500,000	6,180,314	86,524,393	40,204,707
1825	52,500,000	6,621,765	92,704,707	46,826,472
1826	52,500,000	7,094,748	99,326,472	53,921,220
1827	52,500,000	7,601,516	106,421,220	61,522,736
1828	52,500,000	8,144,481	114,022,736	69,667,217
1829	52,500,000	8,726,229	122,167,217	78,393,446
1830	52,500,000	9,349,532	130,893,446	87,742,978
1831	52,500,000	10,017,355	140,242,978	97,760,333
1832	52,500,000	10,732,828	150,260,333	108,493,171
En 1833, 7 mois 28 j.	52,500,000	7,506,829	160,993,171	116,000,000

Amortissement, de 5 fr. par chaque 80 fr.

ANNÉES	DOTATION.	RACHATS de Rentes.	MOYENS d'Amortissemt.	TOTAL des Rentes rachetées.
	fr.	fr.	fr.	fr.
1818	»	»	»	8,780,521
1819	40,000,000	3,048,783	48,780,521	11,829,304
1820	40,000,000	3,239,331	51,829,304	15,068,635
1821	40,000,000	3,441,789	55,068,635	18,510,424
1822	40,000,000	3,656,901	58,510,424	22,167,325
1823	40,000,000	3,885,458	62,167,325	26,052,783
1824	40,000,000	4,128,299	66,052,783	30,181,082
1825	40,000,000	4,386,318	70,181,082	34,567,400
1826	40,000,000	4,660,463	74,567,400	39,227,863
1827	40,000,000	4,951,742	79,227,863	44,179,605
1828	40,000,000	5,261,225	84,179,605	49,440,830
1829	40,000,000	5,590,052	89,440,830	55,030,882
1830	40,000,000	5,939,430	95,030,889	60,970,312
1831	40,000,000	6,310,645	100,970,312	67,280,957
1832	40,000,000	6,705,060	107,280,964	73,986,017
1833	40,000,000	7,124,126	113,986,024	81,110,143
1834	40,000,000	7,569,384	121,110,143	88,679,527
1835	40,000,000	8,042,470	128,679,527	96,721,997
1836	40,000,000	8,545,124	136,721,997	105,267,121
1837	40,000,000	9,079,195	145,267,121	114,346,316
En 1838, 2 mois 2 j.	40,000,000	1,653,684	154,346,316	116,000,000

Amortissement, de 5 fr. par chaque 80 fr.

ANNÉES.	DOTATION.	RACHATS de Rentes.	MOYENS d'Amortiss.t	TOTAL des rentes rachetées.
				fr.
1818	. . . . fr.	. . . . fr.	. . . . fr.	8,780,521
1819	52,500,000	3,830,032	61,280,521	12,610,553
1820	52,500,000	4,069,409	65,110.553	16,679.962
1821	52,500,000	4,323,747	69,179,962	21,003,709
1822	52,500,000	4,593,982	73,503,709	25,597,691
1823	52,500,000	4,881,106	78,097,691	30,478,797
1824	52,500,000	5,186,175	82,978,797	35,664,972
1825	52,500,000	5,510,311	88,164,972	41,175,283
1826	52,500,000	5,854,705	93,675,283	47,029,988
1827	52,500,000	6,220,624	99,529,988	53,250,612
1828	52,500,000	6,609,413	105,650,612	59,860,025
1829	52,500,000	7,022,501	112,360,025	66,882,526
1830	52,500,000	7,461,408	119,382,526	74,343,934
1831	52,500,000	7,927,746	126,843,934	82,271,680
1832	52,500,000	8,423,230	134,771,680	90,694,910
1833	52,500,000	8,949,682	143,194,910	99,644,592
1834	52,500,000	9,509,037	152,146,592	109,153,629
En 1835, 8 mois 7 jours.	52,500,000	6,846,371	161,653,629	116,000,000

Amortissement, de 5 fr. par chaque 90 fr.

ANNÉES.	DOTATION.	RACHATS de Rentes.	MOYENS d'Amortiss^t.	TOTAL des Rentes rachetées.
				fr.
1818	. . . . . fr.	. . . . . fr.	. . . . . fr.	8,780,521
1819	40,000,000	2,710,029	48,780,521	11,490,550
1820	40,000,000	2,860,586	51,490,550	14,351,136
1821	40,000,000	3,019,508	54,351,136	17,370,644
1822	40,000,000	3,187,258	57,370,644	20,557,902
1823	40,000,000	3,364,328	60,557,902	23,922,230
1824	40,000,000	3,551,235	63,922,230	27,473,463
1825	40,000,000	3,748,526	67,473,463	31,221,989
1826	40,000,000	3,956,777	71,221,989	35,178,766
1827	40,000,000	4,176,598	75,178,766	39,355,364
1828	40,000,000	4,408,631	79,355,364	43,763,995
1829	40,000,000	4,653,555	83,763,995	48,417,550
1830	40,000,000	4,912,086	88,417,550	53,329,636
1831	40,000,000	5,184,979	93,329,636	58,514,615
1832	40,000,000	5,473,034	98,514,615	63,987,649
1833	40,000,000	5,777,091	103,987,649	69,764,740
1834	40,000,000	6,078,041	109,764,740	75,862,781
1835	40,000,000	6,436,821	115,862,781	82,299,602
1836	40,000,000	6,794,422	122,299,602	89,094,024
1837	40,000,000	7,171,890	129,094,024	96,265,914
1838	40,000,000	7,570,328	136,265,914	103,836,242
1839	40,000,000	7,990,902	143,836,242	111,827,144
En 1840, 6 mois.	40,000,000	4,172,856	151,827,144	116,000,000

Amortissement, de 5 fr. par chaque 90 fr.

ANNÉES.	DOTATION.	RACHATS de Rentes.	MOYENS d'Amortiss[t].	TOTAL des Rentes rachetées.
				fr.
1818	. . . . fr.	. . . . fr.	. . . . fr.	8,780,521
1819	52,500,000	3,404,473	61,280,521	12,184,994
1820	52,500,000	3,593,611	64,684,994	15,778,605
1821	52,500,000	3,793,256	68,278,605	19,571,861
1822	52,500,000	4,003,992	72,071,861	23,575,853
1823	52,500,000	4,226,436	76,075,853	27,802,289
1824	52,500,000	4,461,238	80,302,289	32,263,527
1825	52,500,000	4,709,085	84,763,527	36,972,612
1826	52,500,000	4,970,701	89,472,612	41,943,313
1827	52,500,000	5,246,851	94,443,313	47,190,164
1828	52,500,000	5,538,342	99,690,164	52,728,506
1829	52,500,000	5,846,028	105,228,506	58,574,534
1830	52,500,000	6,170,807	111,074,534	64,745,341
1831	52,500,000	6,513,630	117,245,341	71,258,971
1832	52,500,000	6,875,498	123,758,971	78,134,469
1833	52,500,000	7,257,470	130,634,469	85,391,939
1834	52,500,000	7,660,663	137,891,939	93,052,602
1835	52,500,000	8,086,259	145,552,602	101,138,861
1836	52,500,000	8,335,492	153,638,861	109,524,353
En 1837, 8 mois 22 j.	52,500,000	6,475,647	162,024,353	116,000,000

Amortissement au pair, de 5 fr. par chaque 100 fr.

ANNÉES.	DOTATION.	RACHATS de Rentes.	MOYENS d'Amortiss.t	TOTAL des Rentes rachetées.
				fr.
1818	. . . . fr.	. . . . fr.	. . . . fr.	8,780,521
1819	40,000,000	2,439,026	48,780,521	11,219,547
1820	40,000,000	2,560,977	51,219,547	13,780,524
1821	40,000,000	2,689,026	53,780,524	16,469,550
1822	40,000,000	2,823,477	56,469,550	19,293,027
1823	40,000,000	2,964,651	59,293,027	22,257,678
1824	40,000,000	3,112,884	62,257,678	25,370,562
1825	40,000,000	3,268,528	65,370,562	28,639,989
1826	40,000,000	3,431,654	68,639,089	32,071,043
1827	40,000,000	3,603,552	72,071,043	35,674,595
1828	40,000,000	3,783,729	75,674,595	39,458,324
1829	40,000,000	3,972,916	79,458,324	43,431,240
1830	40,000,000	4,171,562	83,431,240	47,602,804
1831	40,000,000	4,380,190	87,602,804	51,982,992
1832	40,000,000	4,599,147	91,982,992	56,582,089
1833	40,000,000	4,829,104	96,582,089	61,411,193
1834	40,000,000	5,070,559	101,411,193	66,481,752
1835	40,000,000	5,324,087	106,481,752	71,805,839
1836	40,000,000	5,590,291	111,805,839	77,396,130
1837	40,000,000	5,869,806	117,396,130	83,265,936
1838	40,000,000	6,163,296	123,265,936	89,429,232
1839	40,000,000	6,471,461	129,429,232	95,900,693
1840	40,000,000	6,795,035	135,900,693	102,695,729
1841	40,000,000	7,134,786	142,695,729	109,830,513
En 1842, 10 m.	40,000,000	6,169,487	149,830,513	116,000,000

Amortissement au pair, de 5 fr. par chaque 100 fr.

ANNÉES.	DOTATION.	RACHATS de Rentes.	MOYENS d'Amortiss.t	TOTAL des Rentes rachetées.
				fr.
1818	. . . . . . fr.	. . . . . . fr.	. . . . . . fr.	8,780,521
1819	52,500,000	3,064,026	61,280,521	11,844,547
1820	52,500,000	3,217,227	64,344,547	15,061,774
1821	52,500,000	3,378,088	67,561,774	18,439,862
1822	52,500,000	3,546,993	70,939,862	21,986,855
1823	52,500,000	3,724,342	74,486,855	25,711,197
1824	52,500,000	3,910,559	78,211,197	29,621,756
1825	52,500,000	4,106,087	82,121,756	33,727,843
1826	52,500,000	4,311,392	86,227,843	38,039,235
1827	52,500,000	4,526,961	90,539,235	42,566,196
1828	52,500,000	4,753,309	95,066,196	47,319,505
1829	52,500,000	4,990,975	99,819,505	52,310,480
1830	52,500,000	5,240,524	104,810,480	57,551,004
1831	52,500,000	5,502,550	110,051,004	63,053,554
1832	52,500,000	5,777,677	115,553,554	68,831,231
1833	52,500,000	6,066,561	121,331,231	74,897,792
1834	52,500,000	6,369,889	127,397,792	81,267,681
1835	52,500,000	6,688,384	133,767,681	87,956,065
1836	52,500,000	7,022,803	140,456,065	94,978,868
1837	52,500,000	7,373,943	147,478,868	102,352,811
1838	52,500,000	7,742,640	154,852,811	110,095,451
En 1839, 8 mois 25 j.	52,500,000	5,904,549	162,595,451	116,000,000

TABLEAU

De l'Amortissement des 116 millions de rentes, dans l'ordre des durées et des années d'achèvement de l'amortissement.

TAUX des Rachats.	DOTATION.		ANNÉES où serait achevé l'amortissem.	NOMBRE d'années employées au Rachat.	
				ANNÉES.	MOIS.
70 f. pour 5 f.	. . . .	} fr. 52,500,000	1833	14	8
80 f. pour 5 f.	. . . .		1835	16	8
70 f. pour 5 f.	fr. 40,000,000	. . . .	1835	16	10
90 f. pour 5 f.	. . . .	52,500,000	1837	18	9
80 f. pour 5 f.	40,000,000	. . . .	1838	19	2
100 f. pour 5 f.	. . . .	52,500,000	1839	20	9
90 f. pour 5 f.	} 40,000000	. . . .	1840	21	6
100 f. pour 5 f.		. . . .	1842	23	10

Comparaison des années où aura lieu l'Achèvement de l'Amortissement des 116 millions de Rentes, avec dotation de 40,000,000 fr., ou de 52,500,000 fr.

TAUX DES RACHATS.	DOTATION DE 40,000,000 fr.	DOTATION DE 52,500,000 fr.
70 f. pour 5 f.	1835	1833
80 f. pour 5 f.	1858	1835
90 f. pour 5 f.	1840	1837
100 f. pour 5 f.	1842	1839

Extrémes des Epoques de l'Achèvement de l'Amortissement dès 116 millions de Rentes.

TAUX DES RACHATS.	QUOTITÉ de Dotation annuelle.	ACHÈVEMENT de l'Amortissement.
fr. fr.	fr.	années.
70 pour 5	52,500,000	1833
100 pour 5	40,000,000	1842

Durées de l'Amortissement des 116 millions de Rentes, aux cours de 70-80-90 et 100 fr. pour chaque 5 fr., avec Dotation de 40,000,000 fr., ou Dotation de 52,500,000 fr.

TAUX des Rachats.	DOTATION de 40,000,000 fr.		DOTATION de 52,500,000 fr.		DIFFÉRENCE.	
	années.	mois.	années.	mois.	années.	mois.
70 f. pour 5 f.	16	10	14	8	2	2
80 f. pour 5 f.	19	2	16	8	2	6
90 f. pour 5 f.	21	6	18	9	2	9
100 f. pour 5 f.	23	10	20	9	3	1

Extrémes des Durées de l'Amortissement des 116 millions de Rentes.

TAUX des Rachats.	QUOTITÉ de Dotation annuelle.	DURÉE de l'Amortissemt.		DIFFÉRENCE.	
fr. fr.	fr.	années.	mois.	années.	mois.
70 pour 5	52,500,000	14	8		
				9	2
100 pour 5	40,000,000	23	10		

MOYENS

D'Amortissement, dans l'ordre des taux de rachats, en 1821, 1822, 1823, 1824 et 1825, Epoques du paiement de l'arriéré, en rentes, au cours.

ANNÉES.	TAUX des Rachats, 70 fr. pour 5 fr. DOTATION, 40,000,000 fr.	TAUX des Rachats, 70 fr. pour 5 fr. DOTATION, 52,500,000 fr.	TAUX des Rachats, 70 fr. pour 5 fr. DOTATION, 40,000,000 fr.	TAUX des Rachats, 80 fr. pour 5 fr. DOTATION, 52,500,000 fr.	TAUX des Rachats, 90 fr. pour 5 fr. DOTATION, 40,000,000 fr.	TAUX des Rachats, 90 fr. pour 5 fr. DOTATION, 52,500,000 fr.	TAUX des Rachats, 100 fr. pour 5 fr. DOTATION, 40,000,000 fr.	TAUX des Rachats, 100 fr. pour 5 fr. DOTATION, 52,500,000 fr.
	fr.	fr.	fr.	fr.	fr	fr.	fr.	fr.
1821	55,998,047	70,347,536	55,068,635	69,179,962	54,351,136	68,278,605	53,780,524	67,561,774
1822	59,997,907	75,372,360	58,510,424	73,503,709	57,370,644	72,071,861	56,469,550	70,939,862
1823	64,283,47	80,556,100	62,167,325	78,097,691	60,557,902	76,075,853	59,393,027	74,486,855
1824	68,875,147	86,524,393	66,052,783	82,978,797	63,922,230	80,302,289	62,257,678	78,211,197
1825	73,794,800	92,704,707	70,181,082	88,164,972	67,473,463	84,763,527	65,370,561	82,121,756
TOTAL...	fr. 322,949,372	fr. 405,705,096	fr. 311,980,249	fr 391,919,132	fr. 30,3675,375	fr. 381,492,135	fr 297,171,340	fr 373,321,444

MOYENS

D'amortissement, dans l'ordre de leur quotité, en 1821, 1822, 1823, 1824 et 1825, époques du paiement de l'arriéré, en Rentes, au cours.

ANNÉES.	TAUX des Rachats. 100 fr. pour 5 fr. DOTATION, 40,000,000 fr.	TAUX des Rachats, 90 fr. pour 5 fr. DOTATION, 40,000,000 fr.	TAUX des Rachats, 80 fr. pour 5 fr. DOTATION, 40,000,000 fr.	TAUX des Rachats, 70 fr. pour 5 fr. DOTATION, 40,000,000 fr.	TAUX des Rachats, 100 fr. pour 5 fr. DOTATION, 52,500,000 fr.	TAUX des Rachats, 90 fr. pour 5 fr. DOTATION, 52,500,000 fr.	TAUX des Rachats, 80 fr. pour 5 fr. DOTATION, 52,500,000 fr.	TAUX des Rachats, 70 fr. pour 5 fr. DOTATION, 52,500,000 fr.
	fr.	fr.	fr,	fr.	fr.	fr.	fr	fr.
1821	53,780,524	54,351,136	55,068,635	55,998,047	67,561,774	68,278,605	69,179,961	70,347,536
1822	56,469,550	57,370,644	58,510,424	59,997,907	70,939,861	72,071,861	73,503,709	75,372,360
1823	59,293,027	60,557,902	62,167,325	64,283,471	74,486,855	76,075,853	78,097,691	80,756,100
1824	62,257,678	63,922,230	66,052,783	68,875,147	78,211,197	80,302,289	82,978,797	86,524,393
1825	65,370,561	67,473,463	70,181,082	73,794,800	82,211,197	84,763,527	88,164,972	92,704,707
TOTAL..	fr. 297,171,340	fr. 303,675,375	fr, 311,980,249	fr. 322,949,372	fr. 373,321,444	fr. 381,492,135	fr. 391,919.131	fr. 405,705,096

Moyens d'amortissement, pendant les cinq années du paiement de l'arriéré, en rentes, au cours, dans les deux suppositions de 40 millions, ou de 52,500,000 fr. de dotation.

TAUX	DOTATION	
DES RACHATS.	DE 40,000,000 fr.	DE 52,500,000 fr.
100 f. pour 5 f.	297,171,340 f.	373,321,444 f.
90 f. pour 5 f.	303,675,375	381,492,135
80 f. pour 5 f.	311,980,249	391,919,131
70 f. pour 5 f.	322,949,372	405,705,096

D'après le projet de budget de 1819, le paiement à faire, pour l'arriéré, en rentes, au cours, pendant les années 1821, 1822, 1823, 1824 et 1825, ne s'éleverait qu'à un capital de 350 millions.

Avec la dotation de 52,500,000 fr., les moyens d'amortissement, pendant ces cinq années, représenteraient à tous les cours, même au cours au pair, c'est-à-dire au cours de 5 fr. pour 100 fr., une somme plus forte que cette quotité de paiement pour l'arriéré : en effet, on voit, par le tableau qui précède, que, même au cours de 100 fr. pour 5 fr., la moindre somme des moyens d'amortissement serait de 373 millions, tandis que la somme de tout l'arriéré ne serait que de 350 millions.

RÉSULTATS.

Le rappochement de ces tableaux prouve :

1°. Qu'en attribuant à la caisse d'amortissement, chaque année , 40 millions à prendre sur les impositions, et en limitant à 12,500,000 francs les ventes annuelles des bois, il n'en aurait encore été vendu, au moment de l'achèvement de l'a- mortissement, que pour 187 millions, et qu'il en resterait à cette époque à la disposition du gouver- nement pour près de 500 millions , avantage qui ne serait qu'apparent, parce qu'il serait beaucoup au-dessous des désavantages qu'auraient à sup- porter les contribuables qui, après avoir rempli de leurs deniers ce vide de 500 millions, au- raient encore , ainsi que je l'ai prouvé dans mon dernier ouvrage sur les finances de la France en 1819 et années suivantes, supporté, par ce mode de remboursement , une perte réelle de plus de 500 millions.

2°. Que ce mode de dotation annuelle aurait trois résultats très-préjudiciables : perte con- sidérable sur le rachat des rentes données en paiement de l'arriéré; exécution très-incomplète de la loi du 25 mars 1817 , qui engendrerait pour les contribuables un débours inutile. et très-gênant de 5oo millions, et en outre une perte matérielle de plus de 5oo millions ; privation pour le gouvernement, pendant quinze années, sans utilité pour personne, d'une ressource matérielle de près de 5oo millions, qui pourrait dans des momens imprévus, urgens et impérieux, faire grand'faute, et forcer à prendre de fausses et préjudiciables mesures.

5°. Qu'en maintenant le fonds annuel d'amortissement à 4o millions, y compris le produit des ventes de bois (12,5oo,ooo francs par an), l'on pourrait, dès 1819, élever à 4o millions la réduction des impositions, en n'éprouvant comparativement qu'environ deux années de retard dans l'achèvement de l'amortissement; l'amortissement devant, avec une dotation de 52,5oo,ooo fr., être achevé en quatorze années huit mois, et ne devant l'être qu'en seize années dix mois avec une dotation annuelle de 4o millions seulement.

4°. Enfin que, nonobstant ce premier avantage, il faudrait, pour que la loi du 25 mars 1817 eût sa pleine exécution, et pour que les contribuables fussent complètement soulagés, qu'on vendît par année pour 42 millions de bois; qu'autrement, en se bornant à une vente de

12,500,000 fr. par année, les contribuables, malgré la réduction des impositions, n'en supporteraient pas moins une perte réelle de plus de 500 millions ; tandis qu'au contraire, en portant la vente à 42 millions par an , on aurait non-seulement exécuté la loi, mais encore procuré aux contribuables une réduction d'impositions qui serait au moins dans les proportions suivantes :

1819	40 millions.
1820	60
1821	70
1822, 1823, 1824, 1825, 1826.	75
1827	90
1828, 1829, 1830, 1831, 1832, 1833	100
1834 et années suivantes.	140

Pour obtenir promptement et efficacement ces derniers résultats, il suffirait, soit en expliquant, soit en modifiant la loi du 25 mars 1817, d'ordonner ,

1°. Que la vente des bois serait accélérée autant qu'il y aurait possibilité de le faire, sans en déprécier la valeur ;

2°. Que tous les bois affectés à l'amortissement seraient vendus ;

5°. Enfin, que jusqu'à l'extinction des 116 millions de rentes inscrites sur le grand-livre, depuis le 28 avril 1816, la dotation de la caisse d'amortissement serait annuellement de 40 millions, dont les rentrées des ventes de bois feraient partie.

Ces explications ou ces modifications auraient le double avantage,

1°. De faire disparaître les contradictions réelles qui, dans l'état actuel, avec insuffisance de ventes annuelles des bois, et addition des rentrées de ces ventes aux 40 millions prélevés sur les impositions en faveur de la caisse d'amortissement, existent entre l'esprit et les résultats possibles de la loi du 25 mars 1817;

2°. De procurer aux contribuables

Une réduction graduelle et durable d'impositions qui, au moment de la terminaison de l'amortissement, serait de plus de 140 millions par année;

Une augmentation de fortune qui, à cette époque, s'élèverait déjà, en capital et intérêts, à plus de 4 MILLIARDS.

ARMAND SÉGUIN.